Elsbeth Bihler

Mit Kindern Sankt Martin feiern

Ideen für Familie, Kindergarten und Grundschule

Mit Illustrationen von Eve Jacob

Lahn-Verlag

Inhalt

Inhalt

Vorwort

Im November beginnt die dunkle Zeit des Jahres, in der die Menschen gerne Kerzen anzünden und näher zusammenrücken. Im Kindergarten – mittlerweile konfessionsübergreifend – wird dann das Fest des heiligen Martin mit einem Laternenumzug gefeiert, bei dem an die Legende der Mantelteilung erinnert wird.

Dieses kleine Werkbuch möchte Anregungen für die Gestaltung der Zeit von Allerheiligen bis zum Martinsfest geben. Durch Legenden und Erzählungen erfahren die Kinder vieles aus dem Leben des heiligen Martin. Lieder, biblische Texte, Stilleübungen, Bastelanregungen und Elemente des Brauchtums vertiefen die wesentlichen Inhalte der Geschichten – teilen, Jesus kennen lernen, Licht in die Welt bringen usw.

Es ist sinnvoll, den Kindern die Inhalte der Geschichten in immer gleicher Weise, z. B. durch die Gestaltung mit Tüchern und Gegenständen, nahe zu bringen und für die Martinszeit einen festen Ort im Raum zu bestimmen, an dem die Elemente zu den Geschichten liegen bleiben und mit der nächsten Erzählung immer weiter ergänzt werden können.

Für das Basteln der Laternen können die Eltern oder Großeltern der Kinder um Hilfe gebeten werden.

Die Geschichte „Heilige sind Menschen, durch die die Sonne scheint" öffnet den Blick auf die weiteren Heiligenfeste, die bis Weihnachten folgen: das Fest der heiligen Barbara (Barbarazweige) am 4. Dezember, des heiligen Nikolaus am 6. Dezember und der heiligen Luzia (die Lichtträgerin) am 13. Dezember.

Elsbeth Bihler

Martin lernt Christen kennen

In Ungarn lebte vor vielen hundert Jahren ein römischer Offizier. Er hatte eine Frau und einen Sohn, den er Martinus nannte, das bedeutet „Kriegsmann“.
Er wünschte sich, dass Martin ein genauso guter Soldat würde wie er. Mit seinen Eltern kehrte Martin nach Italien zurück. Damals gab es noch nicht viele Menschen, die an Jesus Christus glaubten, so wie heute. Auch Martin und seine Eltern verehrten die römischen Götter.
Eines Tages spielte Martin mit seinen Freunden auf der Straße. Da begann es heftig zu regnen, Blitze zuckten über den Himmel und es donnerte. Jeder der Jungen flüchtete nach Hause oder stellte sich unter. Martin lief auf ein Haus zu, riss die Tür auf und blieb erst einmal außer Atem stehen. Dann schaute er sich um und merkte, dass er in einem Haus der Christen war. In dem Raum, in dem er stand, sah es so aus, wie wir es heutzutage von einer Kirche kennen. Der Bischof hatte seiner Gemeinde von Jesus erzählt, als Martin hereinplatzte.
„Komm näher!“, meinte der Bischof und lud Martin ein, sich zu ihnen zu setzen. Dann erzählte er weiter von Gott und von Jesus. Martin hörte aufmerksam zu. Am Ende lud ihn der Bischof ein, wiederzukommen. Das tat Martin und von da an nahm er regelmäßig am Taufunterricht der Christen teil.
Als Martin fünfzehn Jahre alt war, meinte sein Vater: „Du bist groß und kräftig. Du kannst jetzt mit der Ausbildung zum Soldaten beginnen! Ich werde dich in der Kaserne anmelden!“
Martin erschrak, denn er war noch nicht getauft und musste jetzt mit dem Unterricht aufhören. Doch er hatte keine Wahl, und als der Vater ihn in der Kaserne als Soldat des Kaisers angemeldet hatte, musste er gehorchen. Er nahm von seinen Freunden und seinen Eltern Abschied und wurde Soldat.

Gestaltung zur Legende

(Die Kinder sitzen im Kreis. Während die Geschichte gelesen wird, gestalten die Kinder sie mit ihrer Erzieherin.)

Begebenheit im Text	**Gestaltung**
Der Name wird genannt.	Ein Schild mit dem Namen MARTIN wird in die Mitte gelegt.
Die Stadt, in die Martin mit seinen Eltern zieht.	Aus Bauklötzen bauen die Kinder eine Stadt, eine Kirche wird aus Tüchern hineingelegt.
Martin kommt in die Kirche und hört von Jesus.	Eine Bibel wird in die Kirche gelegt.
Martin muss Soldat werden.	Ein Spielzeugschwert oder ein Schwert aus Pappe wird vor die Stadt gelegt.

Was ich schon von Jesus weiß …

Alle sitzen im Kreis. In der Mitte liegt ein Tuch, darauf ein Kreuz. Bilder von unterschiedlichen Jesusgeschichten liegen außen herum auf Tischen. Die Kinder schauen sich die Bilder an, dürfen sich ein Bild nehmen und setzen sich wieder in den Kreis. Jedes Kind darf sein Bild zeigen und die Erzieherin erzählt die dazugehörige Jesusgeschichte bzw. liest sie aus einer Kinderbibel vor. (Falls das Kind die Geschichte selber kennt, darf es erzählen, was es davon weiß.) Danach wird das Bild in die Mitte zu dem Kreuz gelegt. Kinder, die ein Bild zur gleichen Geschichte herausgesucht haben, legen ihr Bild auch in die Mitte.
Nach jeder Geschichte wird ein kleines Gebet gesprochen: „Guter Jesus, du warst bei den Menschen. Du hast *(… hier wird das Thema der jeweiligen Jesusgeschichte eingefügt.)* Hilf uns, dich immer besser kennen zu lernen. Amen." Dann wird ein Teelicht zum Bild oder zu den Bildern der Geschichte gestellt.

Warum der Martin Martin heißt

„Weißt du eigentlich, warum du Sabine heißt?", fragt Martin seine Freundin. Sabine zuckt mit den Schultern. „Meine Eltern haben mir den Namen gegeben." – „Und du?", fragt Martin Andreas. Aber Andreas weiß auch nicht mehr. Er will seine Mutter danach fragen.
„Ich habe schon gefragt", sagt Martin. „Mein Vater hat einen besten Freund. Mit dem ist er zusammen in den Kindergarten gegangen und dann in die Schule. Als sie groß waren, haben sie zusammen Reisen gemacht. Mit ihren Fahrrädern sind sie losgefahren und haben nachts in ihrem Zelt geschlafen. Das ist heute noch Papas bester Freund."
„Der Freund heißt Martin", rät Andreas.
„Genau!", antwortet Martin und strahlt. „Und jetzt ist er auch noch mein Patenonkel."
Sabine denkt lange nach. Dann sagt sie: „Dann ist dein Name aber gar nichts Besonderes. Ich dachte immer, du hast ihn vom heiligen Martin."
Da muss Martin lachen. „Natürlich habe ich den Namen auch vom heiligen Martin. Denn mein Patenonkel ist nach dem heiligen Martin genannt!"
Ob Sabine das einsieht?
„Ich habe übrigens zwei Feiertage jedes Jahr", fügt Martin stolz hinzu. „Am 7. August und am 11. November!"
„Am 7. August ist dein Geburtstag. Das stimmt!", sagt Andreas. „Aber am 11. November ist doch Martinstag!", meint Sabine. – „Eben", sagt Martin. „Am 11. November ist mein Namenstag!"

Rolf Krenzer

Ich habe einen Namen und ich bin getauft

Eine/r: Ich heiße ... und ich bin getauft.
Alle: Ja, du heißt ... und du bist getauft.
Freut euch alle ...

Letzte Strophe:
Wir haben einen Namen und wir sind getauft.
Wir haben einen Namen und wir sind getauft.
Freut euch alle ...

Text: *Rolf Krenzer* / Melodie: *Peter Janssens*

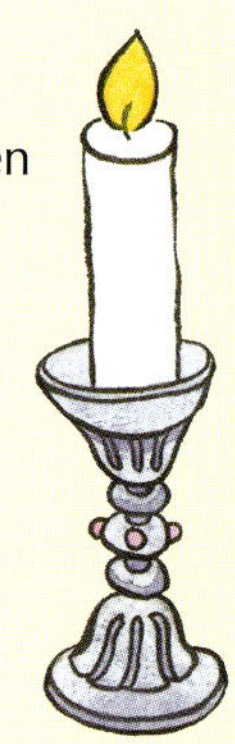

Gestaltung zum Lied

Jedes Kind wird namentlich im Lied erwähnt. Zur Erinnerung an die Taufe und die brennende Taufkerze erhält es nun eine brennende kleine Kerze.

Namenrufspiele

Alle Kinder sitzen oder stehen im Kreis. Die Erzieherin ruft den Namen eines Kindes auf. Das geht in die Mitte, dreht sich einmal um sich selbst und kehrt zurück an seinen Platz. Dann wird ein anderer Name aufgerufen usw.

Alle Kinder sitzen oder stehen im Kreis. Die Erzieherin fordert die Kinder nacheinander auf, laut und deutlich ihren Namen zu sagen. Dann dürfen alle Kinder gleichzeitig leise ihren Namen flüstern und immer lauter und wieder leiser werden.

Gebet

Guter Gott, Papa und Mama haben mir
einen Namen gegeben. Der Name sagt mir:
Das bin ich. Mich gibt es nur einmal.
Danke dafür, dass ich leben darf. Amen.

Sankt Martin ritt durch Schnee und Wind

2. Im Schnee saß, im Schnee saß,
im Schnee, da saß ein armer Mann,
hatt' Kleider nicht, hatt' Lumpen an.
O helft mir doch in meiner Not,
sonst ist der bitt're Frost mein Tod!

3. Sankt Martin, Sankt Martin,
Sankt Martin zieht die Zügel an,
sein Ross steht still beim armen Mann.
Sankt Martin mit dem Schwerte teilt
den warmen Mantel unverweilt.

4. Sankt Martin, Sankt Martin,
Sankt Martin gibt den halben still,
der Bettler rasch ihm danken will.
Sankt Martin aber ritt in Eil'
hinweg mit seinem Mantelteil.

Text und Melodie: *überliefert*

Jesus ruft Martin

Der römische Kaiser hatte Martin und seinen Kameraden befohlen, nach Frankreich zu reiten. Es war kalt, fast schon eisiger Winter.
Martin wollte gerade durch das Stadttor in die Stadt Amiens reiten, da sah er am Weg einen Bettler sitzen. Dem Bettler war schrecklich kalt, weil er nur Lumpen trug. Außerdem war er sehr hungrig.
Martin sah den Mann. Der Bettler tat ihm Leid. Er ritt auf ihn zu, nahm seinen weiten Soldatenumhang von den Schultern und sein Schwert in die Hand.

Damit teilte er den Umhang und gab eine Hälfte dem Bettler. Seine Kameraden staunten und dachten: „Der Martin, der ist wohl verrückt geworden!"
Aber dann nahm Martin auch noch ein Stück Brot aus seinem Proviantbeutel und gab es dem armen Mann. Bevor der sich bedanken konnte, war Martin schon durch das Tor in die Stadt geritten.
Nachts schlief Martin in der Kaserne. Da hatte er einen Traum. Es wurde warm und hell. Jesus kam auf ihn zu und trug eine Hälfte von Martins Soldatenmantel. ▸

Er sagte: „Martin, obwohl du noch nicht getauft bist, hast du Gutes an mir getan. Der Bettler, dem du geholfen hast, das war ich selbst!“
Martin erwachte aus seinem Traum. Er erinnerte sich an seinen Taufunterricht. Da hatte er gehört, dass Jesus gesagt hat: Was ihr für einen armen Menschen tut, das tut ihr für mich.
Martin stand auf, suchte einen Priester in der Stadt Amiens und ließ sich taufen. Der Priester sagte: „Martin, ich taufe dich im Namen des Vaters und des Sohnes und des Heiligen Geistes.“ Dabei goss er ihm Wasser über den Kopf.
Jetzt war Martin wirklich ein Christ.
Nach einiger Zeit ging Martin zu seinem Oberst und sagte: „Hier, nimm mein Schwert und meine Uniform. Ich will nicht mehr Soldat sein, sondern nur noch meinem Herrn Jesus Christus dienen!“
Der Oberst wollte ihn überreden zu bleiben, aber Martin wollte nicht. Er ging zu seinen Eltern zurück und erzählte ihnen von seinem Erlebnis mit Jesus. Seine Mutter ließ sich überzeugen und wurde auch in die Gemeinschaft der Christen aufgenommen. Sein Vater aber wurde zornig und wollte nichts mehr von ihm wissen. Für ihn war es eine Schande, dass Martin nicht mehr Soldat sein wollte.
Deshalb ging Martin wieder nach Frankreich zu einem Freund, dem Bischof Hilarius in Poitiers. Bischof Hilarius lehrte Martin vieles und wollte gerne, dass er Priester und ein berühmter Mann würde.
Aber auch das wollte Martin nicht.
Er zog sich zurück und baute an einem unbedeutenden Ort ein kleines Kloster, in dem er bescheiden leben konnte.
Er betete, besuchte die Menschen in seiner Nähe, tröstete sie, wenn sie traurig waren, und konnte viele ihrer Leiden lindern. Deshalb kamen viele Leute zu ihm, die ihn verehrten und von wundersamen Heilungen erzählten.

Gestaltung zur Legende

Verlauf der Legende	Gestaltung
Stadttor	Aus Tüchern ein Tor legen.
Bettler	Ein schwarzes Tuch wird zu dem Tor gelegt.
Martin teilt den Mantel.	Ein rotes Tuch und das Spielzeugschwert werden zum schwarzen Tuch gelegt.
Martin teilt das Brot.	Eine Scheibe Brot wird dazugelegt.
Martin sieht Jesus im Traum.	Ein Kreuz wird zu dem Brot und dem roten Tuch gelegt.
Martin wird getauft.	Eine Schale mit Wasser wird neben das Kreuz gestellt.
Martin will nicht mehr Soldat sein.	Das Spielzeugschwert wird vom schwarzen Tuch weg in das Stadttor gelegt.
Kloster	Die Kinder bauen aus Bauklötzen eine Hausmauer und legen das Kreuz in das Haus hinein.

Ein armer Mann

2. Ihm ist so kalt. Er friert so sehr.
   Wo kriegt er etwas Warmes her?
   Er hört ...

3. Der Hunger tut dem Mann so weh
   und müde stapft er durch den Schnee.
   Er hört ...

4. Da kommt daher ein Reitersmann,
der hält sogleich sein Pferd hier an.
Er hört ...

5. Er teilt den Mantel und das Brot
und hilft dem Mann in seiner Not,
so gut er helfen kann.
Sankt Martin heißt der Mann.
Er hilft so gut er kann.
Sankt Martin heißt der Mann.

6. Zum Martinstag steckt jedermann
leuchtende Laternen an.
Vergiss den andern nicht,
drum brennt das kleine Licht.
Vergiss den andern nicht,
drum brennt das kleine Licht.

Text: *Rolf Krenzer* / Melodie: *Peter Janssens*
Aus: Kommt alle und seid froh, 1982,

Martinsspiel zum Lied

Die Kinder sitzen im Kreis. Je drei mal zwei Kinder fassen sich an den Händen und bilden ein Dach. Darunter setzt sich je ein Kind, dessen Aufgabe es ist, bei den Worten „Er hört kein gutes Wort" aufzustehen, abzuwinken und den Bettler wegzuschicken.
Ein Kind spielt den Bettler, der an diese Türen klopft, bis ihm keiner mehr aufmacht. Dann begibt es sich in die Mitte des Kreises und ist traurig.
Auf einem Steckenpferd kommt Martin angeritten und teilt mit dem Bettler den Mantel und das Brot.

Lied und Spiel können auch den Abschluss eines Martinsumzuges bilden.

Teilen

(Alle sitzen im Kreis.)

Der heilige Martin hat mit
dem Bettler den Mantel geteilt.
Wir schließen die Augen
und überlegen:
Was können wir teilen?

Wir sehen unsere Spielsachen vor uns.
Womit spielen wir am liebsten?
Was liegt in der Ecke herum?
Was können wir abgeben für Kinder,
die nichts zum Spielen haben?

Wir denken an die Menschen,
mit denen wir zu Hause leben,
an Papa, Mama, Bruder und Schwester.
Wann haben wir zuletzt
etwas für sie getan?
Zu Hause geholfen?
Mit ihnen gespielt?
Ihnen eine Freude gemacht?

Wir denken an die Kinder
im Kindergarten (in der Schule).
Mit wem spielen wir oft?
Wer ist häufig alleine und traurig?
Wer hat keinen Freund?
Wen können wir froh machen?
Wie können wir das tun?

Wenn wir teilen und anderen helfen,
dann machen wir es so
wie der heilige Martin,
der getan hat, was Jesus wollte.

(Alle öffnen die Augen wieder.)

Geteilte Freude

Ich teile meine Freude
mit allen, die ich mag,
da haben viele Leute
viel Freude jeden Tag.

Und jeder teilt sie weiter,
so wird sie niemals leer,
so wird aus einer Freude
ein Dutzend und noch mehr!

Denn mit geteilter Freude,
es ist fast wie verhext:
Wie oft wir sie auch teilen,
sie wächst und wächst und wächst!

Nach einer buddhistischen Weisheit

Schenken

Mira und Lena waren eifrig dabei, kleine Päckchen zu packen. „Was macht ihr denn da?“, fragte Frau Kutsch, Lenas Mutter.
„Ach nichts!“, rief Lena.
Ach nichts stimmte aber nicht. Sie packten selbst gebackene Plätzchen, einen Apfel, ein paar Bonbons und sogar einige kleinere Münzen in Tütchen, die sie dann mit blauem Geschenkband verschnürten.
Diese Tüten wollten sie verschenken, aber ohne es an die große Glocke zu hängen. Wer schenkt, soll damit nicht prahlen, hatten sie gelernt. Sie rechneten jedoch insgeheim mit einem Erfolg. Die Münzen hatten sie ihren Sparschweinen entnommen.

Vikar Vollweide hatte im Religionsunterricht gefragt: „Welche Situationen könnte man sich heute denken, in denen St. Martin helfen würde?“ Und da waren ihnen die Stadtstreicher am Park bei der St.-Nikolaus-Kirche eingefallen.
Als Frau Kutsch in die Küche kam, waren die Tüten in einer Tasche verschwunden.
„Also bis zum Martinszug!“, sagte Mira und ging nach Hause.
Gegen sechs begab sie sich zur St.-Nikolaus-Kirche.
Vor der Kirche versammelten sich viele Menschen. Als Pastor Kroll und Vikar Vollweide aus der Kirche traten, setzte die Kapelle des Musikvereins Gereon die Flöten, Klarinetten, Paukenklöppel an und begann mit „St. Martin ritt durch Schnee und Wind“.
Nach dem Lied wurde auf der Kirchentreppe die Teilung des Mantels gespielt. Als der Bettler die Mantelhälfte annahm, leuchtete sein Gesicht glücklich und dankbar auf. Genau das erwarteten sie auch bei ihren Geschenken.

Mira und Lena verließen den Kirchplatz, auf dem alles zu dem Martinsgänsestand drängte, und wandten sich dem kleinen Park zu. Hinter der Kirche bei den ersten Parkbänken hielten sich die Stadtstreicher meistens auf. So war es auch an diesem Abend. Einer lag trotz der Kälte auf einer Bank und schnarchte.
Mira und Lena blickten sich aufmunternd an, dann gingen sie auf die Stadtstreicher zu, verteilten ihre Päckchen und sagten: „Bitteschön, weil heute St. Martin ist!"

ten Haaf

Nach dem Spiel setzte sich der Zug in Bewegung. Lena und Mira nahmen die Tasche zwischen sich. Mit der freien Hand trugen sie ihre Laternen.
Die Kindergartenkinder hatten ihre Laternen mit Herbstblättern beklebt. Mehrere größere Kinder durften wie einige Erwachsene Fackeln mit sich führen.
Nach einer guten halben Stunde kam der Martinszug wieder vor der Kirche an.

Teilen wir unser Gut und Geld
mit all den Armen in der Welt!
Wenn jeder etwas hat,
dann werden alle satt.

Denkst du, dafür bist du zu klein,
kannst du grad wie Sankt Martin sein!
Beim Teilen ist das so:
Wer gibt und nimmt, wird froh!

Rolf Krenzer

Das habt ihr für mich getan

Jesus sagte zu seinen Freunden: Nachdem ich zu meinem Vater gegangen bin, werde ich wiederkommen wie ein König. Der König wird alle Menschen der Welt zusammenrufen. Er wird die Guten und die Bösen voneinander trennen. Den Guten wird er sagen: Kommt her, ihr seid von Gott gesegnet, lebt mit mir in meinem Reich! Denn ich war hungrig und ihr habt mir zu essen gegeben; ich war durstig und ihr habt mir zu trinken gegeben; ich war fremd und hatte keine Wohnung und ihr habt mich aufgenommen; ich war nackt und ihr habt mir Kleidung gegeben; ich war krank und ihr habt mich besucht; ich war im Gefängnis und ihr seid zu mir gekommen.

Dann werden die Guten fragen: Herr, wann haben wir dich hungrig gesehen und dir zu essen gegeben, oder durstig und dir zu trinken gegeben? Und wann haben wir dich fremd und ohne Wohnung gesehen und aufgenommen, oder nackt und dir Kleidung gegeben? Und wann haben wir dich krank oder im Gefängnis gesehen und sind zu dir gekommen?

Darauf wird der König ihnen antworten: Alles, was ihr für einen meiner geringsten Brüder getan habt, das habt ihr mir getan.

Dann wird er zu den Bösen sagen: Weg von mir, ihr seid böse. Ihr dürft nicht mit in meinem Reich leben. Denn ich war hungrig und ihr habt mir nichts zu essen gegeben; ich war durstig und ihr habt mir nichts zu trinken gegeben; ich war fremd und hatte keine Wohnung und ihr habt mich nicht aufgenommen; ich war nackt und ihr habt mir keine Kleidung gegeben; ich war krank und im Gefängnis und ihr habt mich nicht besucht.

Dann werden auch sie antworten: Herr, wann haben wir dich hungrig oder durstig oder ohne Wohnung oder nackt oder krank oder im Gefängnis gesehen und haben dir nicht geholfen? Darauf wird er ihnen antworten: Alles, was ihr für einen dieser Geringsten nicht getan habt, das habt ihr auch mir nicht getan. Und sie werden weggehen und nicht bei Gott wohnen dürfen.

Nach Matthäus 25,31–46

Gebet

Guter Gott,
du sagst: Teilt miteinander,
damit nicht die einen reich
und die anderen arm und traurig sind.
Hilf uns, von dem abzugeben,
was wir haben.
Amen.

Gestaltung zum Bibeltext

*(Alle sitzen im Kreis.
In der Mitte liegt ein Kreuz
auf einem roten Tuch.)*

Jesus sagt: Alles, was ihr anderen Gutes tut, das habt ihr für mich selbst getan.

*(Dinge, die an die Werke
der Barmherzigkeit erinnern,
werden hochgehalten:)*

(ein Stück Brot)
Mit einem Stück Brot können wir Menschen, die Hunger haben, zu essen geben.

*(Das Stück Brot
wird zum Kreuz gelegt.)*

Jesus sagt: Ich war hungrig und ihr habt mir zu essen gegeben.

(ein Glas Wasser)
Mit einem Glas Wasser können wir Menschen, die durstig sind, zu trinken geben.

*(Das Glas Wasser wird
in die Mitte gestellt.)*

Jesus sagt: Ich war durstig und ihr habt mir zu trinken gegeben.

(Verband und Salbe)
Woran erinnern uns
Verband und Salbe? –
An Krankheit.
Was können wir tun, wenn
andere Menschen krank sind? –
Sie besuchen.

*(Verband und Salbe werden
in die Mitte gelegt).*

Jesus sagt: Ich war krank
und ihr habt mich besucht.

(ein kleines Modellhaus)
Das Haus erinnert uns
an unser Zuhause.
Viele Menschen haben
kein Zuhause.
Zu denen, die fremd
zu uns kommen,
können wir freundlich sein
und mit ihnen spielen.

*(Das Haus wird
in die Mitte gestellt.)*

Jesus sagt: Ich war fremd und
obdachlos und ihr habt mich
aufgenommen.

(ein kleiner Pullover)
Mit einem Pullover oder
etwas anderem zum Anziehen
können wir jemanden beschenken,
der nichts zum Anziehen hat.

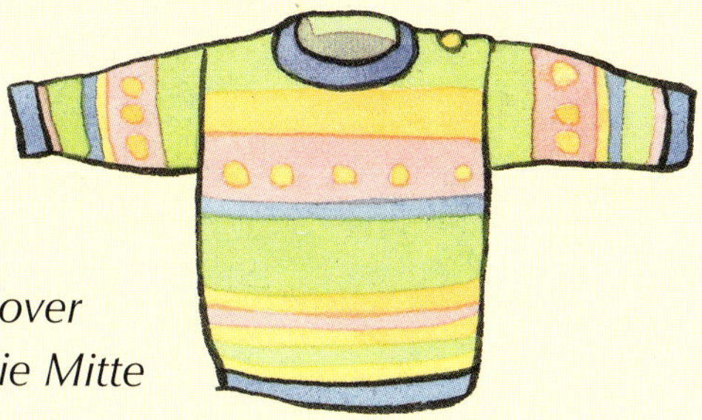

*(Der Pullover
wird in die Mitte
gelegt.)*

Jesus sagt: Ich war nackt und
ihr habt mir Kleidung gegeben.

(eine Schnur oder Spielhandschellen)
Handschellen oder Fesseln
erinnern uns daran,
dass jemand gefangen ist
oder im Gefängnis sitzt.
An Gefangene können wir denken.

*(Die Schnur wird / Handschellen
werden in die Mitte gelegt.)*

Jesus sagt: Ich war im Gefängnis
und ihr seid zu mir gekommen.

Hände reichen

Wieder leuchten bunte Lichter,
schimmern in der Dunkelheit,
es ertönen Martinslieder,
Kinderstimmen weit und breit.

Doch auch heute stehen Bettler
einsam in der Dunkelheit,
suchen nicht nur einen Mantel,
sondern auch die Menschlichkeit!

Lasst uns helfen, lasst uns lieben,
lasst uns reichen ihm die Hand,
dadurch kann es heller werden,
Tag für Tag im ganzen Land!

Renate Steiner

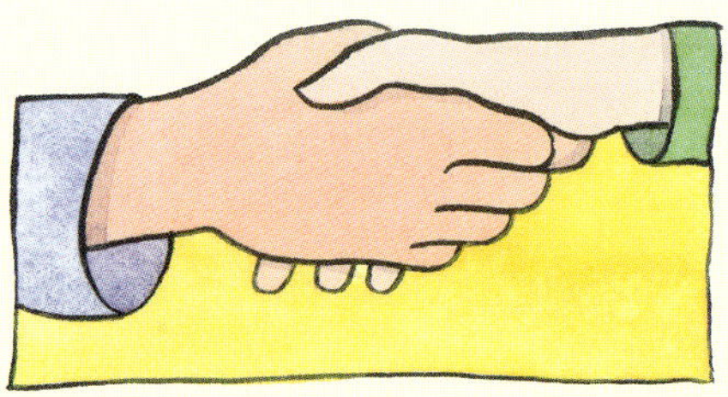

Martin und die Tiere

Als der Bischof von Tours gestorben war, sagten die Menschen: „Wir möchten, dass Martin, der Mönch, unser Bischof wird. Er hat ein Herz für die Nöte der Armen!“ Bei einer Versammlung von Christen mit ihren Priestern wurde Martin zum Bischof gewählt. Nur er selbst war nicht dabei, weil er unterwegs gewesen war, um einem Kranken beizustehen. Als er in sein Kloster zurückkam, sagte einer seiner Mitbrüder: „Sie haben dich zum Bischof gewählt! Sie sind schon unterwegs, um dich abzuholen!“ Bischof? Nein, das wollte Martin nicht sein, und so lief er schnell weg und versteckte sich in einem Gänsestall. Als die Leute kamen, um ihren neuen Bischof nach Tours zu begleiten, fanden sie ihn zuerst nicht. Aber dann hörten sie bei dem Bauern die Gänse laut schnattern. Sie schauten nach und fanden Martin im Stall.
Schließlich ging er mit ihnen und wurde ihr Bischof. Aber er setzte sich nie auf den kostbaren Bischofsthron, sondern immer nur auf einen Schemel. Er wollte nicht über den Leuten stehen. Er wollte mit ihnen leben. Deshalb zog er auch nicht in den Bischofspalast ein. Er gründete in Marmoutier ein einfaches Kloster, in dem er mit seinen Mitbrüdern lebte.
Manchmal war Martin traurig, weil er merkte, dass viele Leute die Worte der Frohen Botschaft hörten, aber nicht danach lebten – auch dann nicht, wenn sie sich taufen ließen.
Seine Freunde erzählten folgende Geschichte:
Als Martin einmal mit seinen Begleitern über das Land ging, sah er einen Hasen, der von Hunden gejagt wurde. ▸

Legende

Der Hase tat Martin Leid. Deshalb stellte er sich vor die heranstürmenden Hunde, hob die Arme und sagte: „Stopp, bleibt stehen!" Die Hunde zögerten, blieben dann aber stehen und drängten sich um Martin herum. Der beobachtete den Hasen, und als er weit genug weg war, sagte er: „Jetzt könnt ihr laufen, er ist gerettet!" Und schon jagten die Hunde davon.
Da sagte Martin zu seinen Begleitern: „Wenn doch auch die Menschen so gut auf meine Worte hören würden wie die Tiere!"

Gestaltung zur Legende

(Hierfür werden vorab eine Mitra, ein Bischofsstab, Gänse, ein Hase und Hunde aus Tonpapier geschnitten.)

Verlauf der Legende	**Gestaltung**
Bischof	Bischofsstab und Mitra in die Mitte auf ein gelbes Tuch legen.
Gänsestall	Gänse aus weißem Tonpapier auf ein grünes Tuch legen, darüber Holzstäbe als Stall.
Kloster	Ein braunes Tuch neben das gelbe legen und Bischofsstab und Mitra darauf legen.
Frohe Botschaft	Eine Bibel zu Stab und Mitra legen.
Hase	Einen Hasen aus Tonpapier auf ein grünes Tuch legen.
Hunde	3–5 Hunde in einiger Entfernung dazu legen.
Martin stoppt die Hunde.	Den Bischofsstab zwischen die Hunde und den Hasen legen.

Martinsgans basteln

Die Gans beim Kopieren auf 15 cm vergrößern. Den Körper auf weißes Tonpapier übertragen und ausschneiden (oder mit einer dicken Nadel ausstechen). Die Füße und den Schnabel auf orangefarbenes Tonpapier übertragen, ausschneiden / ausstechen und an die entsprechenden Stellen am Kopf und am Körper ankleben. Das Auge aus schwarzem Tonpapier ausschneiden und aufkleben oder mit einem schwarzen Filzstift aufmalen.

Gänsegeschnatter

Qua, qua, qua, qua, qua,
wer schnattert denn da?
Martin sitzt im Gänsestall,
Leute suchen überall.
Qua, qua, qua, qua, qua,
wer schnattert denn da?
Durch der Gänse laut Geschrei,
kommen alle schnell herbei.
Qua, qua, qua, qua, qua,
wer schnattert denn da?
Du sollst unser Bischof sein,
alle rufen: „Das ist fein!"
Qua, qua, qua, qua, qua,
Gänse schnattern da!

Renate Steiner

Martinslaterne mit Gänsemotiven

(Diese Laterne können die Kinder gemeinsam mit ihren Eltern oder Großeltern basteln.)

Material:

schwarzer Tonkarton,
schwarzes Tonpapier,
buntes Transparentpapier,
Klebstoff, Schere,
Kerzenhalter, passende Kerze,
Metallbügel

Aus dem schwarzen Tonkarton zwei Kreise mit 22 cm Durchmesser schneiden. In jeden einen weiteren Kreis zeichnen, sodass ein Ring von 1 cm Breite entsteht.

Boden:

Den Rand 1 cm tief mit Kerben einschneiden und die Kerben umbiegen, Kerzenhalter in der Mitte befestigen.

Deckel:

Einen dritten Kreis mit 2 cm Abstand zum ersten Ring innen einzeichnen. Den mittleren Kreis ausschneiden. In den äußeren Ring in regelmäßigem Abstand Kerben schneiden und die Ecken umbiegen.

Körper:

Schwarzes Tonpapier ca. 25 cm hoch und ca. 31,4 cm breit schneiden. Einen Rand von 2 cm markieren und die Mitte herausschneiden. Dann die Mitte einfarbig mit Transparentpapier ausfüllen und an den Rändern ankleben.

Gänse:

Schwarzes Tonpapier 7–10 cm hoch und ca. 27,5 cm lang ausschneiden und im Zickzack falten. Mit einem weißen Stift eine Gans darauf zeichnen und sie als Scherenschnitt ausschneiden.

Die Gänsereihe auf das Transparentpapier kleben. Den Körper der Laterne in den Boden einfügen und festkleben, ebenso den Deckel. Dann den Bügel zum Aufhängen der Laterne anbringen.

Martin und die Heiden

Bischof Martin verkündete die Frohe Botschaft von Jesus Christus. Dazu reiste er durch das Land, das zum Bischofssitz von Tours gehörte. Noch immer waren viele Menschen keine Christen.
Einmal kam er in ein Dorf. Als die Leute ihn kommen sahen, riefen sie: „Was willst du hier, Bischof Martin? Wir wollen deinen Gott nicht! Unsere Götter helfen uns mehr und sind mächtiger!"
Bischof Martin ging auf sie zu und sagte: „Wie wollt ihr das wissen, wo ihr doch meinen Gott gar nicht kennt?" „Wir wollen nichts von ihm hören!", riefen sie. „Er soll uns zeigen, dass er mächtiger ist als unsere Götter!"
„Wie soll er das tun?", fragte Martin.
Der Priester der Heiden sagte: „Siehst du die große Eiche dort? Sie gehört unseren Göttern. Wir werden diesen Baum fällen. Dich binden wir so an einem Pfahl fest, dass der Baum dich treffen muss, wenn er fällt. Geschieht dir nichts, so glauben wir, dass dein Gott mächtiger ist als unsere Götter."
Martin ließ sich an den Pfahl binden. ▸

Legende

Die Männer des Dorfes fällten den Baum, der ihnen heilig war. Als er fiel, drehte er sich und schlug neben Martin in den Boden ein. Da glaubten die Menschen des Dorfes, dass der Gott der Christen mächtiger war als ihre Götter. Sie hörten Martin und seinen Begleitern zu, als sie die Frohe Botschaft Jesu erzählten. Viele ließen sich taufen und wurden Christen.

Gestaltung zur Legende

Verlauf der Legende	**Gestaltung**
Frohe Botschaft	Eine Bibel und ein Kreuz in die Mitte legen.
Dorf	Aus Tüchern einen Umriss des Dorfes legen.
Eiche	Einen Baum aus Tüchern neben das Dorf legen.
Die Menschen bekehren sich.	Das Kreuz in den Baum legen.

Ich geh mit meiner Laterne

2. ... Der Martinsmann, der zieht voran ...

3. ... Mein Licht ist schön, könnt ihr es sehn ...

4. ... Wie schön das klingt, wenn jeder singt ...

5. ... Laternenlicht, verlösch mir nicht ...

6. ... Mein Licht ist aus, wir gehn nach Haus ...

Text und Melodie: *überliefert*

Laterne mit Motiven aus dem Leben des heiligen Martin

Material: schwarzes Tonpapier, schwarzer Tonkarton
Transparentpapier, Schere, Klebstoff
Kerzenhalter, Metallbügel

Aus dem schwarzen Tonpapier den Rahmen der Laterne basteln. Den oberen Rand zur Verstärkung doppelt kleben. Aus schwarzem Tonkarton einen quadratischen Boden schneiden, dessen Seitenlänge der unteren Seitenlänge der Laterne entspricht. In der Mitte des Bodens einen Kerzenhalter befestigen.
Die Mitte einer jeden Seite ausschneiden und mit unterschiedlichen Farben des Transparentpapiers hinterkleben. Aus schwarzem Tonpapier als Scherenschnitt Motive aus dem Leben des heiligen Martin schneiden und in die einzelnen Fenster auf das Transparentpapier kleben.
Am oberen Rand Metallbügel zum Aufhängen der Laterne befestigen.

Gitterlaterne

Material: schwarzes Tonpapier
schwarzer Tonkarton
Transparentpapier
Klebstoff, Schere
Kerzenhalter, Metallbügel

Das 25 cm hohe Tonpapier der Länge nach in der Mitte falten. Von der geschlossenen Seite aus in gleichmäßigem Abstand von 1 cm das Tonpapier einschneiden, sodass an der offenen Seite noch 2–3 cm geschlossen bleiben. Das Tonpapier aufklappen. Am unteren Rand Transparentpapier ankleben, das in der Höhe kürzer ist als die Einschnitte. Das Transparentpapier auch oben ankleben, sodass der Knick in der Mitte sich nach außen wölbt. Die Laterne rund schließen.
Aus dem schwarzen Tonkarton einen Boden herstellen und in der Mitte einen Kerzenhalter befestigen. Den Rand des Bodens nach innen hochbiegen und die Laterne daran festkleben. Oben am Rand einen Metallbügel zum Aufhängen der Laterne anbringen.

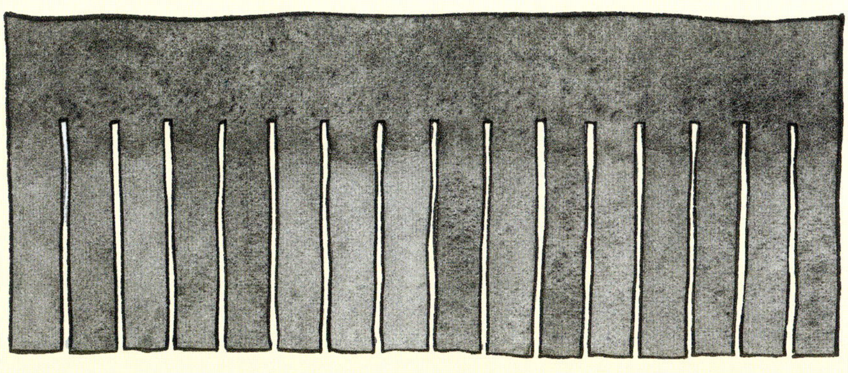

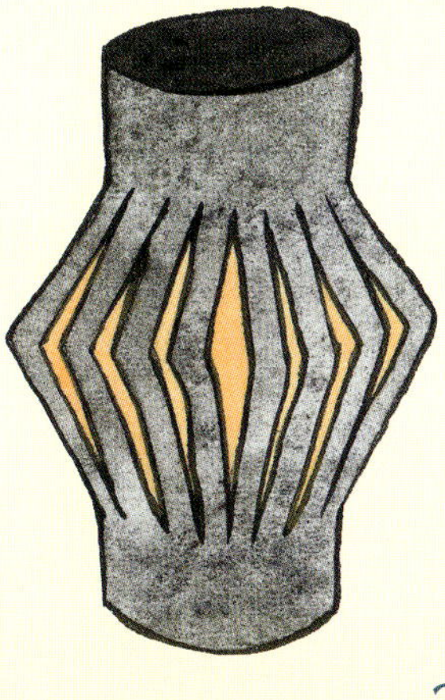

Zu Gast beim Kaiser

Einmal wurde Martin beim Kaiser eingeladen. „Was soll ich dort?“, fragte Martin. „Ich kann mit dieser Pracht und den großen Festen nichts anfangen. Das ist Zeitverschwendung!“
Als er aber an einem Gefängnis vorbeikam, riefen ihm die Gefangenen zu: „Hilf uns, Bischof Martin! Wir sitzen unschuldig im Gefängnis! Du musst beim Kaiser ein gutes Wort für uns einlegen!“
Da ließ Martin dem Kaiser eine Botschaft ausrichten: „Ich werde deine Einladung annehmen, wenn du mir eine Bitte erfüllst!“ Der Kaiser antwortete: „Ich werde deine Bitte erfüllen, wenn du kommst!“
So ging Martin zum Kaiser. Er bat ihn, die unschuldig Gefangenen aus dem Gefängnis zu befreien. Der Kaiser erfüllte diese Bitte, weil er es versprochen hatte. Dann nahm Martin am Tisch des Kaisers Platz. Zu Beginn wurde ein Becher Wein gereicht. Zuerst sollte der wichtigste Gast und danach der Kaiser trinken. So war es üblich. Martin nahm den Becher mit Wein, der ihm gereicht wurde, und trank. Aber dann gab er ihn nicht dem Kaiser, sondern dem Geringsten seiner Mitbrüder, die mitgekommen waren. Die Soldaten des Kaisers erstarrten. Sie erwarteten, dass der Kaiser böse würde. Aber der hatte verstanden, was Martin ihm sagen

wollte: Wer wirklich groß sein will, muss auch einmal hinter den anderen zurückstehen.
Martin wurde achtzig Jahre alt. Er starb auf einer Reise. Die Menschen stritten sich, wo er begraben werden sollte. Seine Mitbrüder aber nahmen seinen Leichnam und brachten ihn zurück nach Tours, in die Stadt, in der er Bischof war. Heute steht in Tours in Frankreich ein Dom, eine große Kirche. Immer noch kommen viele Menschen dorthin an das Grab des heiligen Martin.

Gestaltung zur Legende

Verlauf der Legende	**Gestaltung**
Kaiser	Eine Krone auf ein gelbes Tuch legen.
Gefängnis	Runde Stäbe auf ein schwarzes Tuch legen.
Tisch	Ein weißes Tuch als Tisch in die Mitte legen.
Weinbecher	Einen Becher auf das weiße Tuch stellen.

Martinsgebäck backen

Der Weckmann, Stutenkerl oder die Martinsbrezel, die zu St. Martin verteilt werden, erinnern daran, wie der heilige Martin sich der Hilfsbedürftigen angenommen hat. Oft wird dieses Gebäck heute auch beim Martinszug verkauft und von dem Erlös armen Menschen geholfen.

Zutaten:

500 g Weizenmehl
40 g Hefe
1/8 l Milch
2 Eier
60 g Zucker
1 Päckchen Vanillinzucker
1 Prise Salz
50 g Butter
Mandeln

Die Zutaten in eine Rührschüssel geben, die Hefe darin zerbröckeln. Alles zu einem glatten Teig kneten. Den glatten Teig im Backofen 5–10 Minuten gehen lassen (50 °C), dann den Backofen ausschalten und den Teig noch 10–20 Minuten darin stehen lassen; dann herausnehmen und noch einmal gut durchkneten.

Jetzt kann aus dem Teig traditionelles Martinsgebäck geformt werden: Martinsbrezeln, Stutenkerle oder Weckmänner. (Die Pfeife aus Gips, die in die Stutenkerle eingebacken wird, war ursprünglich ein Bischofsstab.)
Den geformten Teig auf ein mit Backpapier ausgelegtes oder eingefettetes Backblech legen, mit Butter bestreichen und evtl. mit Mandeln verzieren, dann im Backofen 20–30 Min. backen (190–210 °C).

Heilige sind Menschen, durch die die Sonne scheint

Paul ging mit seiner Mutter durch die Stadt. Sie kamen an der großen Kirche vorbei. Paul sah nach oben und meinte: „Mutti, sieh mal, die Fenster sind ja ganz schmutzig!“
Die Mutter sagte nichts, nahm Paul bei der Hand und ging mit ihm in die Kirche hinein. Hier waren die Fenster, die von außen ganz grau und schmutzig ausgesehen hatten, plötzlich strahlend bunt und leuchteten in den hellsten Farben. Da staunte Paul und er sah sich die Fenster genauer an.
Über dem Altar waren auf einem besonders schönen Fenster viele Menschen in bunten Kleidern zu sehen. Durch eine Figur strahlte gerade die Sonne hindurch, sodass sie besonders hell leuchtete.
Paul fragte: „Mutti, wer ist das?“ „Das ist ein Heiliger, der heilige Martin“, antwortete die Mutter.
Ein paar Tage später fragte Frau Müller im Kindergarten: „Weiß jemand von euch, was ein Heiliger ist?“
Zunächst war großes Schweigen in der Gruppe. Da sprang Paul auf und rief: „Ich weiß es: Ein Heiliger, das ist ein Mensch, durch den die Sonne scheint!“

Nach Heinrich Engel

Bild mit Wachsmalstiften malen

Mit Wachsmalstiften ein buntes Bild malen. Darüber eine Schicht schwarze Wachsmalfarbe malen. Hinterher an einigen Stellen die schwarze Farbe wieder abkratzen.

Ihr seid das Licht der Welt

Jesus sagte zu seinen Freunden: Ihr seid das Licht der Welt. Wenn man ein Licht anzündet, dann versteckt man es nicht unter einem Eimer, sondern stellt es auf einen Leuchter, damit es hell strahlen kann. Dann leuchtet es allen im Haus. So soll auch euer Licht für die Menschen leuchten. Die Menschen sollen sehen, wie ihr Gutes tut und dann Gott dafür danken, dass es geschieht.

Nach Matthäus 5, 14–16

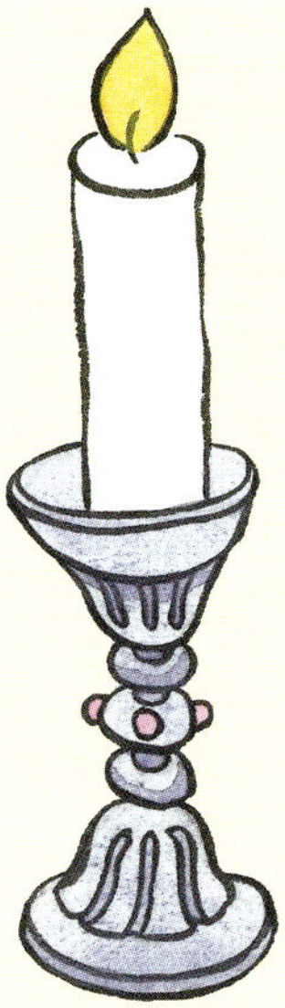

Erfahrung von Dunkelheit und Licht

Alle sitzen im Kreis. In der Mitte steht eine Kerze. Der Raum wird verdunkelt. Wenn es ganz finster ist, wird die Kerze angezündet. Alle verfolgen, wie das Licht sich ausbreitet.

Wärme und Licht

(Alle sitzen im Kreis in einem
etwas abgedunkelten Raum.
In der Mitte steht eine brennende Kerze.)

Wir schauen eine Weile
die Kerze in der Mitte an.
Die Flamme bewegt sich im Luftzug.
Sie flackert.
Nacheinander darf jeder einmal
zur Kerze gehen
und die Hand in die Nähe
der Flamme halten.

Wir spüren ihre Wärme.
Wir sehen, wie sie ihr Licht verbreitet.

Jetzt nehme ich diesen Metalltopf hier.
Ich decke die Flamme damit zu.
Was passiert?
Wir sehen die Kerze nicht mehr.
Sie verbreitet kein Licht mehr.
Ich nehme den Topf wieder herunter.
Die Flamme ist aus.
Sie durfte nicht brennen.

Gebet

Guter Gott,
so wie das Licht die Welt hell und warm macht,
sollen wir wie der heilige Martin dabei mithelfen,
dass unser Leben und das Leben der Menschen
um uns herum hell und warm wird.
Hilf uns dabei. Amen.

Tragt in die Welt nun ein Licht

2. Tragt zu den Kranken ein Licht ...
3. Tragt zu den Armen ein Licht ...
4. Tragt zu den ... ein Licht ...

Text und Melodie: *Wolfgang Longardt*

Klangspiel zum Lied: Das wachsende Licht

Zwischen den Strophen wird ein Klangspiel als Zwischenspiel eingebaut: Eine Trommel wird erst lauter, dann immer leiser werdend mit einem Watteschlegel geschlagen. Wenn die Trommel ganz leise ist, beginnt die Triangel ganz leise zu spielen und wird nach und nach immer lauter.

Gebet

Guter Gott,
dein Sohn Jesus war wie ein Licht
für viele Menschen, die im Dunkeln lebten.
Er brauchte Freunde, die ihm halfen.
Er brauchte Freunde, die mit ihm gingen.
So ein Freund war der heilige Martin.
Wir wollen wie er Freunde von Jesus sein.
Hilf uns dabei. Amen.

Quellennachweis

S. 9: aus: Rolf Krenzer, Spiel und Spaß das ganze Jahr. Geschichten, Lieder, Gedichte, Spielideen, © 2005 Lahn-Verlag, Limburg – Kevelaer, S. 67

S. 20: aus: ten Haaf, Am Sonntag hab ich Zeit für dich. Mit 52 Geschichten durch das Jahr, © 2003 Verlag Butzon & Bercker, Kevelaer, S. 129–133 (gekürzt)

S. 26: aus: Renate und Franz Steiner, Zauberhafte Herbstzeit, © 2004 Lahn-Verlag, Limburg – Kevelaer, S. 106

S. 30: aus: Renate und Franz Steiner, Zauberhafte Herbstzeit, a.a.O.

S. 42: aus: Hubertus Halbfas, Religionsbuch 2. Schuljahr, © Patmos Verlag, Düsseldorf, 10. Auflage 1999

Bibliografische Information der Deutschen Nationalbibliothek

Die Deutsche Nationalbibliothek verzeichnet diese Publikation in der Deutschen Nationalbibliografie; detaillierte bibliografische Daten sind im Internet über http://dnb.d-nb.de abrufbar.

ISBN 978-3-7840-3349-5

2. Auflage 2008

Umschlagillustration: Eve Jacob, Baden-Baden
Umschlaggestaltung: Elisabeth von der Heiden, Geldern
Notensatz, Schriftsatz und Reproduktion:
Kontrapunkt Satzstudio Bautzen
Druck und Bindung: völcker druck, Goch